AF421776

Nathan Ramírez Jaimes

Cartas a Helena

Editorial La hoja de la calle
2022

Editorial La hoja de la calle

Presidente
Maximiliano Malavé

Vicepresidenta
Zully Rojas

Coordinadora de corrección
Carol Hernández

Coordinador de diseño
Arturo Mariño

@lahojadelacalle
www.lahojadelacalle.com
editorial@lahojadelacalle.com

Colección poesía
1ª edición, La hoja de la calle; 2022

Cartas a Helena
© Nathan Ramírez Jaimes

Diseño de portada y diagramación
Maximiliano Malavé

Corrección
Mauricio Vilas

Prólogo
Joaquin Ferrer Ramos

Foto de portada
Nathan Ramírez Jaimes

Depósito legal: DC2022000949
ISBN: 978-980-7091-27-5

REPÚBLICA BOLIVARIANA DE VENEZUELA

Contenido

Batallas perdidas

La nostalgia es la tristeza que se aligera

Enrique Vila-Matas

Uno

No hay nada que me descoloque tanto como que me me encarguen un texto. A mí, que me cuesta sentarme a escribir mis cositas, que parezco un perro dando vueltas alrededor de su cobija sin decirse nunca a echarse, hechizado y exaltado por la idea de escribir, pero nunca por el acto físico y mental de escribir, me paralizo y me quedo en blanco cuando la obligación viene del exterior.

Pero si quien te pide que escribas un texto es un amigo, bien vale la pena realizar el esfuerzo. Y si ese amigo es *Nathan Ramírez* y el texto es un prólogo para su poemario *Cartas a Helena*, entonces ya es solo cuestión de lanzarse a la piscina y luego ver si tiene agua o no o, como quería Ray Bradbury, lanzarse al vacío e ir armando las alas mientras caes. Y eso es lo que voy a hacer. Porque si hoy estoy aquí, escribiendo este prólogo, si hoy puedo decir de mí mismo que soy escritor, es en buena medida debido a su amistad y al hilo que extendió y que enlazó almas tan disímiles como las nuestras, la de Manuel Polachini, Mauricio Vilas y Raúl Figueira y que al poco tiempo, allá, a mediados de los noventa, dio paso al *Esperpento*, ese grupo rebosante de entusiasmo, proyectos y ganas de comerse el mundo. Aquella experiencia alocada, frenética, etílica, fue fundamental en nuestras vidas y determinó (entonces no lo sabíamos) nuestro futuro. El *Esperpento* no cambió nada en las artes venezolanas. Su paso fue silencioso. Fue una implosión que solo nos afectó a nosotros, que nos volvió del revés y nos transformó. He ahí su importancia. Por eso estamos hoy aquí. Nathan con su poemario *Cartas a Helena*, y yo haciendo un esfuerzo entusiasta y emocionado para sacar adelante este prólogo.

Así que allí voy. He saltado al vacío. Mis alas siguen plegadas y a buen resguardo.

Dos

Cartas a Helena es un doloroso canto a la ausencia de la amada. El poeta transita la noche sumergido en la lucidez de su soledad y solo la mañana trae esperanzas que no se cumplirán. El espacio, la separación de los amantes, se presenta en la voz de Nathan Ramírez no tanto como una metáfora sino como una realidad intangible, pero al mismo tiempo sólida, como un muro que solo el recuerdo puede atravesar. El encuentro solo es posible en *Este campo desolado, abatido*. Sin embargo, es la distancia que separa a los amantes el abono del que se nutren estos poemas. Y es allí en donde Nathan Ramírez clava su estilete poético:

Abriré el postigo disimuladamente
para verte.
Si no estás,
caminaré sobre las cornisas
en punta de pie

para alcanzar a verte en el horizonte
sé que es allí donde merodeas,
lo intentaré también con mis catalejos
y con mis lupas,
también te buscaré
tras los lienzos.
Soy capaz de hacerme brizna
para alzarme en vuelo
con el primer viento
que me lleve a tu aroma,
o hacerme hojarasca
navegando riachuelos
para acortarnos distancias
y reposar en tu regazo
definitivamente.

TRES

Cartas a Helena, dividido en cuatro partes, tiene, tal como dice el autor, estructura narrativa. Se nos cuenta una historia de un amor asediado, un amor en una ciudad en guerra, un amor ingenuo que no pudo notar *la conspiración / y el asedio inquisidor / que toda esta ciudad nos conculca / y nos pretende ocultar mientras nos muestra / su hipócrita sonrisa de aceptación.*

Es un amor transcurrido, recreado desde **la oscuridad de este foso** que es otra forma de estar sitiado. Un amor derrotado por la mezquindad del mundo desde las *Premoniciones* con sus lúgubres presagios, hasta las *Cartas* sin respuestas, escritas a una amada que bien podría ser ya un fantasma, pasando por los *Pretextos,* una rabiosa exposición de motivos a favor de preservar ese amor que la realidad se empeña en separar y los *Aconteceres*, la biografía melancólica de una relación.En los poemas se percibe el aroma de la tristeza, como no puede ser de otra manera cuando se trata del amor. Porque el amor termina en la muerte: *Ahora que verdaderamente muero de amor.* Pero es una tristeza aligerada, convertida en nostalgia y es por ello que el poeta se empecina en la lucha:

Ya he librado mil batallas antes,
casi todas las he perdido,
he sobrevivido, sí…
y algunos piensan que eso es ganar.
He matado muchos ángeles
quizá más que a demonios,
pero esta batalla tan desmesurada,
y a la vez tan simple,
que estoy librando tras estos muros
que férreamente defiendo con débiles ofensivas,
no es como las otras mil,
es más cruenta, más descarnada, más desangrada.
Y aun así sería capaz de inmolar mis sentimientos
para nuevamente perder la batalla.
Envaino mi espada,
empuño mi pluma,
te escribo…

Y aunque la muerte sea el resultado (siempre lo es), queda el camino trazado por la escritura, un ahondamiento en los pliegues de la pasión amorosa, en sus riesgos asumidos con fe ciega, en sus requiebros y en todo aquello que le es hostil y conspira para suprimirla.

Como bien dijo Julio Ramón Ribeyro: "Donde empieza la felicidad, empieza el silencio". Esta frase podría servir de epígrafe para *Cartas a Helena* de Nathan Ramírez. Los poemas de este libro son un grito doloroso y valiente, un llamado a la locura, una maldición a la realidad. Sin embargo, no hay histeria, no hay desgarramientos. Es la voz calmada de un samurai que sabe que será derrotado y que hace de la lucha su victoria, su razón de ser.

Y ahora que, mientras escribo estas líneas, bebo una cerveza en los lindes del verano, brindo por ese samurai, brindo por sus poemas, brindo por *Cartas a Helena.*

Quim Ramos.

Premoniciones

I

Quitar el velo,
desnudar poco a poco cada palabra,
descubrir que estamos lejos
de la racionalidad que nos separa.
Seguir quitando prendas
a nuestras palabras
redimiendo nuestros deseos
para acercarnos más,
rasgando los papeles que nos sobran,
insistiendo en escribir
lo que queremos ocultar.
Vagos vestigios de inocencia
son los que me quedan
y quisiera darte un verso
en papel de chocolate
para justificarme,
para no perderte;
pero sólo puedo quitar el velo,
desnudar poco a poco cada palabra,
descubrirte.

II

Sin darnos cuenta,
la temprana noche se hizo madrugada,
sin más.
Encandilados ojos,
ante la luz filtrada por las faldas de las cortinas
que pretendieron ocultarme,
ocultarnos,
ocultar…
Suspiro,
me incorporo…
Agito levemente la cabeza
para ajustar mis pensamientos
a esto que ya es una realidad
y me cubro el rostro con las manos,
sin darme cuenta
que aún no lo has notado
y dormitas sonriente,
atrapando en tu rostro todo el deseo
del amor eterno de una noche.

III

Un instante sin multitudes,
a cambio de esta eternidad
aglomerada de gente domesticada,
colonizada,
tan sólo preciso ese instante
en el que pueda acercarme a tu boca
y susurrarte un beso,
con la mirada fija en tus pupilas dilatadas
tragándose toda la luz para dejarnos a oscuras,
ese insignificante instante en el que nuestra piel
adherida,
comience a perfumarnos de deseo
dejando escapar fugaces suspiros,
que gimen
una eterna historia de amor
injusta, inquisitiva…
seré breve…muy breve…
solos… muy solos…

IV

Desesperado
ante tantos escasos momentos
de ti,
pretendo llenar estos espacios
únicamente con tus recuerdos.
Llenar un lado de la cama
sólo con el destendido de las sábanas.
Encontrarte en los resquicios y los recovecos
que dejan estos suspiros
trasnochados y traslucidos
por donde se escapa mi luz
y mi energía
dejando un temor vacuo
que se desliza hasta la madrugada.

V

Nuevamente me fortalece el alba…
el alma.
Este amanecer que en unos instantes
estará lleno de prisas,
de implacables e irreductibles horarios
donde permanecerás lejos de mi mente, (o eso preten-
deré)…
Ese lugar
en el que ser un poco yo,
no es una opción.
Llevaré conmigo
cuanto sea necesario,
para mantenerte a raya (tinta y plumillas)
para mantenerte a punto (un lápiz de grafito)
para no olvidarte (este papel).

VI

Entre sueños y alucinaciones
creo haberte descubierto
en tierras lejanas,
tras esos muros que aún en la distancia,
se ven infranqueables.
Te veo cuando caminas
bordeando mis fronteras,
exhibiendo tu belleza,
regalando miradas a tu antojo,
quizá buscándome
buscándote…
Un día de estos, quieras o no,
te abordaré
y te llevaré en vuelo,
adonde sólo yo sé,
adonde sólo yo vuelo.

VII

Advierto como en sueños
que vienes desde lejos
con una mirada casi infantil,
sin reproches, alegre,
encantada de mí.
Te envuelve esa sonrisa alegre
que siempre te acompaña,
contagiándome de tu amor silente,
haciéndome albergar otra ilusión,
infectándome de futuro.
Se disipan las sospechas, eres tu…
Esa que tendrá la inefable labor
de sacarme del foso que he cavado
y lavarme con tus aguas,
y vestirme con tus pieles,
y peinarme con tus manos,
aquietando las angustias y sus disneas
llenando mis espacios,
colmando mi tiempo,
rescatándome,
sin importar mi futuro.

VIII

Vestida en flor te acercas a mí
envolviéndolo todo con tu aroma,
cegando con colores mi poca lucidez
apartándome de mi invierno
con tu inusitada primavera.
Polinizarte con un beso
estremeciendo tus pistilos,
libando tu néctar,
deshojándote pétalo a pétalo,
es mi intento.
El viento te acerca aún más a mí
y sonriente me humedeces
con tu rocío los labios…
Ahora la ventolera pretende alejarte,
te aferro del talle
y las espinas se clavan dolorosamente
en mis manos como estigmas.
Despierto sudando, jadeando,
sangrando…
Una leve brisa entra por la ventana
y delata tu aroma
y tu pronta presencia.

IX

Sólo una tenue luz,
que promete desvanecerse,
ilumina tu silueta esbelta
recostada al marco de la puerta
sin atravesar mis linderos.
Tu piel deja escapar un brillo moreno
que rozas suavemente con tus manos
desafiando a la tentación y al deseo.
Desde ahí me observas,
como yo te observo,
me tientas
como yo te anhelo,
se dilatan mis pupilas con la luz
y te vas desvaneciendo…
espero a que aparezcas luego…

X

Confundí el fin con el principio
y ya he llegado ahí…
confundido, amando…
no hay nada adelante
y el pasado no parece haber comenzado.

XI

Tanto en juego, tanto en riesgo,
la mesa se tambalea, las piezas caen,
blofear no es una opción
debo ser honesto apostando al amor
una vez más…y otra… y otra…
el juego es no perderte
aun con las probabilidades en mi contra.
Una ronda más…

XII

Entre luces tenues,
tu aroma,
cervezas y canciones,
afloraron inevitablemente las
verdades que resultarán efímeras,
sin rumbo,
desencajando de la realidad esta historia
estrellándola contra estos muros
que parecen ser eternos, infranqueables…
Sobre este escenario en el que decidimos entregarnos
al inevitable sufrimiento del amor
a corto plazo.
Ese amor que por eterno acaba
y se hace inolvidable

Pretextos

I

He pretendido convertirte en una historia
durante los últimos siglos de este instante
y sólo he podido construir tu boca
colmándome el deseo;
siempre con la mala intención,
egoísta,
de mis pretensiones y amoríos,
de mis ambiciones de conquistador
para acabar con tu pasado.
Otra historia de mentira que reposa
en tantos poemas que tengo guardados,
un papel más para mi colección de poemas,
sólo eso...
la pretensión de convertirte en una historia.

II

Abriré el postigo disimuladamente
para verte.
Sino estas,
caminaré sobre las cornisas
en punta de pie
para alcanzar a verte en el horizonte
sé que es allí donde merodeas,
lo intentaré también con mis catalejos
y con mis lupas,
también te buscaré
tras los lienzos.
Soy capaz de hacerme brizna
para alzarme en vuelo
con el primer viento
que me lleve a tu aroma,
o hacerme hojarasca
navegando riachuelos
para acortarnos distancias
y reposar en tu regazo
definitivamente.

III

Puedo amarte
aunque no seas mi destino,
a fin de cuentas no pierdo.
La mayoría de las cosas que deseo
pertenecen a alguien más
y eso ya me resigna.
Pero sé que puedo amarte,
estar atento a tus anhelos,
a tus ansias,
a tus carencias
y llenarte
poco a poco,
sin que lo notes
pero que lo sientas
y comiences a necesitarme
o por lo menos a extrañarme…
eso es lo que haré…
sólo amarte.

IV

He descubierto que te gustan las flores,
también los dulces,
los colores pasteles
y la lluvia.
Ahora que se acerca el monzón
pintaré de verde claro mis muros,
sembraré todas las flores de estación
y tendré en la mano
algunos chocolates
por si te acercas.

V

Que me importa a mí
todo lo que te rodea,
todo eso que rechazas,
a veces sin motivos.
Te has alimentado de ilusiones
y desamores,
llenando tus arcas con promesas escritas
que ya no lees,
tus cantos ya son lamentos
y tus alegrías ya parecen
mas una nostalgia.
Me importan tus suspiros
eternos como en mis recuerdos,
tu mirada intensa, ansiosa,
tu sonrisa insinuante, cómplice,
tu canto consonó a tu danza
a mi alrededor.
Lo que me importa
es que voy por ti,
a tu más recóndito refugio
en donde yo soy tu ausencia.

VI

Estoy seguro que estas allá afuera
entre la gente, mimética…
sólo tu aroma te delata,
por eso recorro el boulevard
suspirando de extremo a extremo.
Entro al bar un par de veces,
una vez buscándote,
la otra por costumbre.
Estoy seguro que estas por aquí,
cerca… te siento…
Me sentaré en la banqueta del parque
a escudriñar a cada persona que pase
verificando que no seas tú,
que no lleve tu aroma.
Voy a necesitar que aparezcas
de pronto…
Pronto.

ÚLTIMO PRETEXTO

…Y es que te amo…
…Porque te amaré,
así sólo sea mi culpa…

Aconteceres

Ocultos

Que breve nuestro tiempo,
en este también,
reducido espacio para ser felices.
Afuera todo bulle, arde, explota…
Los quinientos años de guerra
aún no terminan.
Y nos ocultamos en estas cuatro paredes
para amarnos.
Debemos salir a luchar también
pero nuestros cuerpos se aferran
piel a piel,
bañados en sudor,
en nuestra propia lucha
ante el deseo.
De pronto llueve y aparece la calma
sólo el incesante goteo en la ventana
y el fluir de cascadas en las cornisas
musitan tranquilidad.
Nuestras angustias afloran
de forma progresiva en
silencios, gritos y llantos.
Comenzamos nuestro propio caos,
mientras la lluvia poco a poco amaina.
Afuera a lo lejos comienzan
de nuevo estallidos y gritos
y nosotros nos sumergimos
en un beso interminable
amándonos inevitablemente
en un susurro.

EL RAPTO

No soporto,
un siglo más!
la tortura de saberte ajena,
enajenada, enojada.
No permitiré que aten tus sueños,
tu mente, tu cabeza
a esos grilletes centenarios
anclados a los poyos de ventanas
y postigos de puertas.
¡No quiero ya más!,
Imaginar cómo te desdibujan en caricias
y te modelan con abrazos
y te ahogan con besos
y construyen tus deseos,
basta…
Enfrentaré a todos esos miedos
que te guarecen
blandiendo mis argucias,
esgrimiendo metáforas
para confundirlos,
te sacaré de ese profundo pozo
en el que te crees feliz,
para cobijarte con mi absurda realidad
y llenarte de sueños
verdaderamente inverosímiles;
todos estarán en mi contra…
hasta tú… (lo sé)
pero será inevitable
que aún en contra de mi voluntad
te lleve conmigo.

Siempre mia

Verme reflejado en el brillo de tus ojos
no es para nada ajeno,
de hecho,
siempre he estado allí
confundiendo nuestros alientos
en un solo aroma
llenándome de cada suspiro tuyo
hasta no más…
susurrándote amor al oído
enredados, hirsutos,
mojados, adheridos,
inevitablemente adheridos.
Esa fusión que nos despega
algunos centímetros de las sabanas
y nos eleva
hasta donde nuestros extremos se unen,
ese sabor de tu boca
que encuentro al morder mis labios
siempre ha estado allí.
No eres para nada ajena
desde hace un par de siglos,
tu presencia en mí… cama… sueños… vidas…
Te has derramado en mí
y ahora soy tu continente
inevitablemente mía
desde siempre, desde lejos.

Tu rostro

Tu rostro terso, lozano…
deambulaba ante mis ojos
empañados con tu aliento.
Tu rostro continente de sonrisas,
tu rostro repleto de miradas,
tu rostro incólume,
tu rostro sin el surco de lágrimas,
tu rostro terso, lozano… suave…
Tu rostro con el brillo pertinente
ahora deslumbra los túneles del metro,
tu rostro no se inserta en los demás rostros
y no se escapa de mis ojos,
que siguen empañados con tu aliento.
Inquietas mis pupilas,
inquietas mi disnea,
inquietos mis labios entorpecidos por una sonrisa
ante tu rostro, terso, lozano, suave… fresco…

Yo te guardo

A través de espacios furtivos
danza nuestro amor
deslizándose en sigilo
desnudo, madrugado,
advertido, censurado, consagrado…
Concatenando silencios,
descubriéndonos con la punta de nuestros dedos
ante la tenue oscuridad cómplice,
a la que confiamos nuestra luz.
Nuestros cuerpos húmedos,
hundidos en el más profundo deseo
gozan cada instante
de este desequilibrado tiempo
y disfrutan eternamente
ocultos en estrechos espacios
en los que no para de danzar nuestro amor
mientras allá afuera lo lúdico,
lo bélico, lo sacro,
lo patriarcal y todos sus siglos,
estremecen nuestros muros
desmoronando poco a poco
las bases más sólidas y profundas
en las que hemos cimentado nuestros errores.
Esto lo protegeré con mis muros…
con mis corazas…con mi aliento.

ENTREGA

Llevabas puesto aquel corto vestido
descotado en una pieza,
que parecía que se hubiera tragado la primavera
y que no ocultaba ni un ápice de pudor,
ceñido al cuerpo con el capricho del viento.
Sólo tu cabello podía rosarte,
sólo el viento llevarse tu aroma
y la tenue luz acercársete.
De pronto irrumpiste en mí
sin ataduras, ni simulacros,
en entrega total…
y pude rosarte
mientras caía tu vestido inevitablemente,
e inspiré tu aroma hasta asfixiarme
y me acerque tanto a ti
que ni la luz se atrevió a iluminarte…

Alucinación

Deja de ser mis alucinaciones…
esa flor de cada día,
cada canto tú.
Que tus ojos
no entren hechos luz por mi ventana,
que tu aroma
no se cuele entre mis sábanas,
que tu cuerpo
no me acaricie con el viento,
que tus labios
no me humedezcan
y tu susurro
no me atormente a gritos el deseo.
Sal de la tasa del café
y de los libros apilados en la mesa,
termina de llevarte
esta mitad que dejaste,
pues yo,
no la se encajar en ningún lado,
de ningún modo.
Me agota la esperanza,
me asedian los recuerdos,
soy un gran oponente
luchando en mi contra
tratando de acabar cada vestigio de alegría,
cada espacio de cordura en los que te cuelas,
radiante, completamente etérea…
Ineludible…
Alucinante…

Se me crece la vida

Se me crece la vida,
a mí que por lo regular
se me encoje,
se me llena e insisto en derramarla.
Tantas veces parado en este puerto
viendo partir la alegría,
ahora abro los brazos
para recibir tu brisa,
llena de ojos brillantes y sonrisas.
Yo que de nada me ahogo,
ahora me insuflo de tu aroma,
de tu aliento.
A mí, que la felicidad se me aleja
insisto torpemente en atraerla
y no tengo de donde sujetarla.
Y aun así se me crece la vida.

Media mitad

Media noche
media luna
media luz
medio tu rostro iluminado
medio lleno, de ti
medio vacío, de mi
medio camino recorrido
medio mi miedo…
Debemos completar algo.

Algo ingenuo

Íbamos de la mano
sujetando el amor que nos une,
bucólicos entre bosques y flores,
por el mero centro de esta ruidosa ciudad.
Disfrutábamos de cada pequeña ave
que revoloteaba alrededor,
nos deteníamos a oír sus cantos
entre los corneteos del tráfico.
Bebíamos de ese vino
que todos ofrecían gentilmente,
también chocamos jarras de cervezas
brindando por lo que parecía
una celebración ferial, alegre.
No pudimos notar la conspiración
y el asedio inquisidor
que toda esta ciudad nos conculca
y nos pretende ocultar mientras nos muestra
su hipócrita sonrisa de aceptación.
Pusimos sobre nosotros el manto de los dioses
que nos mimetiza, mas no nos absuelve,
sólo así pudimos huir una vez más…
ya será necesario irrespetarlos a ellos
en su momento.

Cartas

I

Ten en cuenta cada letra
como cada segundo,
como cada instante.
Ten en cuenta cada palabra
como cada minuto,
ten en cuenta cada frase
como cada hora,
cada oración como cada día,
cada párrafo como cada noche.
Ten en cuenta que todo lo que escribo
eres tú en mi tiempo.

II

Me confieso desequilibrado,
disociado,
con las emociones desencajadas,
sin la capacidad asertiva
de pronunciar un discurso coherente
que te exprese a groso modo
lo que siento.
Expropiado, como lo estoy
de los poderes del sentido común
y la sindéresis,
posiblemente balbucee excusas
más que razones.
Y a pesar del cansancio,
el insomnio y el desasosiego,
que me produce esto que llevo dentro,
me confieso enamorado…
Y te confieso esto justamente a ti,
porque definitiva e inevitablemente…
Estas involucrada.

III

Quería escribirte un montón de cosas
que te sacaran una enorme
y hermosa sonrisa
y lo que estúpidamente me sale
es un poema.
Venía pensándote
y un amigo en el camino me gritó
¡epa viejo tas' contento!
y creo que me apenó un poco
el hecho de verme descubierto,
creo que hasta estaba hablando solo,
 y me di cuenta que hace mucho tiempo
que no sonreía por causa de la simple alegría
que produce un sentimiento
y créeme que es una sensación maravillosa,
la cual estoy disfrutando mucho
y compartirlo contigo me encanta
y me encanta porque
sólo lo comparto contigo,
nadie más lo sabe,
eso no sólo te hace cómplice,
sino culpable…
culpable de mi alegría
e inevitablemente mía.

IV

Amor,
nada más acertado para definirte…
Te escribo porque acabo de tener
un episodio de ansiedad de ti
que me deja realmente agotado
y sorprendido.
Debo repetirte que esto
que estoy sintiendo,
pensé que nunca más
sentiría por alguien…
y yo no lo busque
sólo llegó.
Parece como si siempre
hubiese estado allí
sin poder verlo,
esperando ese detonante
para ser descubierto.
Y quiero que sepas
que no estoy confundido
o lejano a la realidad
y que entiendo que lo que nos separa
tiene dimensiones
un tanto desproporcionadas.
Pero me has hecho tan feliz
dándome tan poco
que el egoísmo nubla a la cordura
y no quiero dejar de sentir esto,
la felicidad…
¿porque negármela?
negártela…
Escribirte se ha convertido en una catarsis
que abarca todos mis sentidos,

cuando te escribo siento que te oigo
y me agrada tu voz,
también veo tus ojos siempre vivaces,
atentos.
Me mantengo concentrado
en captar tu aroma
y descuidadamente deslizo mi mano
para encontrar el extremo de tus dedos
sobre este papel;
sin llamar tu atención,
para que no dejes de hablarme
llena de ademanes…
¡… Aquí es donde se me escapan los suspiros!
No se puede ser tan bella,
tan interesante, tan intrínseca
y no tener como consecuencia el amor,
así sea el de este loco
al que el amor se le aleja.
No quiero entristecer tus ojos,
tu rostro, tus andares,
esos que tanto me inspiran,
preferiría un millón de veces
desaparecer entre las flores de tu vestido
que verte triste.
Por ahora te mando un beso,
pero no cualquier beso,
el más grande del mundo,
y toda mi energía para cuando
sientas que la tuya se agota.
Te amo…

Inevitablemente tuyo,
desde siempre, desde lejos.

V

Amada,
Espero que toda esta luz
te permita leerme
ya que para mí, escribirte,
me ha sido muy difícil
en la oscuridad de este foso.
Hace muchos días que no anochece
y no encuentro manera de salir en sigilo
a tu encuentro.
No sé cómo llegar a ti
ocultándome de tantas miradas
con sus bocas abiertas,
tratando de tragar de un bocado
cuanta evidencia les sirva
en su juicio final
o al final del juicio.
Ser príncipes nos ha condenado,
pero sabré abdicar
para tenerte a mi lado.
Tan solo espera a que anochezca
y estaré en ti nuevamente.

VI

Pido a los dioses que esta misiva
llegue a ti justo antes de que amanezca,
acá afuera la batalla es cruenta
y no da momentos al amor.
Sé que al alba despiertas,
mas no te levantas,
por eso, es el momento preciso
para que recibas esta carta
y la recibas
como uno de mis más apasionados besos.
Se, por la respuesta
de tu última carta,
que no te han llegado las miles de cartas
que te he enviado esta noche.
Tan sólo por como me extrañas
en tus frases escritas en esa,
tu última carta.
Puedo notar que mis esfuerzos
por hacerte saber cuánto te amo
han sido inútiles.
Será mejor quitarme la armadura de guerrero,
para ser el mensajero
y tratar de llegar a ti antes del alba.

VII

Hoy la mañana estaba fresca,
vientos de aroma a hierbas
despeinan mi larga cabellera,
el sol, todo lo iluminaba
con radiante promesa.
La nostalgia de ti, comenzó a llenarme,
por eso estas ansiosas líneas
en las que inevitablemente
terminaré hablando de tu ausencia,
de esos cada vez más escasos
momentos en los que te veo
en la distancia.
Esta interminable carta me ha llevado
a escribir durante todo el día
sin reparo en mis angustias,
en mi tormento de tenerte
sólo en estos papeles,
en estas líneas,
en estas inspiraciones que no te acercan.
Igual te seguiré escribiendo
algunos instantes más,
hasta que llegue la noche en vela.
Hasta que ya no pueda más.

VIII

¡Oh Amada!,
es preciso que ya lo sepas,
es necesario que te prepares
para el amor eterno,
para no tener descanso en el deseo,
para respirar solo mis suspiros,
para fusionarnos.
Ten en cuenta que cuando esto te pido
no espero de ti, menos que el sacrificio,
de responderme con una sonrisa.
Lo aceptaré como un "SÍ",
cómplice.
También he de pedirte
de la manera más encarecida,
que quiero que esa respuesta la grites con tus ojos,
pero que lo hagas en absoluto silencio,
que nadie descubra tu venia.
No debemos exponernos a que descubran
nuestras más oscuras intenciones
de ser felices,
de entregarnos.
Pueden atentar en nuestra contra
quienes viven del olvido,
del desencuentro y la desilusión.
Espero puedas comprender
que lo que te pido será por poco tiempo,
tan sólo en un par de estaciones
estaré llegando a tu puerta
para marcharnos juntos a buscar el fin
porque ya hemos sido principio.
No traigas equipaje

no necesitaras de ropas, ni de abrigos,
ni alhajas, pendientes o anillos.
Eso sí, por favor,
sólo deja crecer aún más tu cabellera
y perfuma tu piel sólo con agua de manantial.
Trae contigo todos tus sueños y esperanzas
que estoy dispuesto a hacértelos verdad.

IX

Esto que siento no cesa…
no cesa,
como el eterno bombardeo
que me asedia
envolviéndome en mis temores
dentro de esta coraza
que me viste, como única protección.
Busco escapar en vano,
la huida como única solución
no parece ser una opción…
No en este instante
en el que el bombardeo es más continuo.
Ya blandir mis convicciones
y esgrimir mis argumentos no sirven de ofensiva.
Lo único que me mantiene acorazado,
defensivo,
es la certeza de tenerte…
oculta,
guarecida en mí, esperándome…
aunque esto que siento no cese.

X

Intento hacerte llegar
por cualquier vía
esto que ahora siento y creo
son mis convicciones.
Creo que lo que tu sientes por mí,
estará a mi favor
para tratar de convencerte.
No es verdad que todo esto
que me patea las entrañas
es amor
y mucho menos,
que pueda ser sólo para ti
por siempre,
tampoco es verdad
que sin ti estoy perdido
o muriendo…
No menos cierto es,
que esto que siento cuando te pienso
se enreda entre la pasión y el deseo…
Pero doy fe laica,
absoluta
de que no es mentira..
que no miento…
No es mentira que jamás seré eterno
o por lo menos eso es lo que pretendo.
El resultado de estar
inevitablemente separados
es la razón por la que ahora
todo esto va como agarrado de las manos.
Unir deseos,
no significa juntar dos soledades,

esto puede ser más complicado.
No pretendo infringir leyes
demando que se cumplan las leyes:
leyes matemáticas
para de dejar de restar mis días
y sumar los tuyos,
leyes físicas
para estar a tu lado
sin importar el tiempo o la distancia,
leyes químicas
para intercambiar fluidos,
leyes espirituales
para que nuestras almas se encuentren,
leyes newtonianas
para acoplar el movimiento de nuestros cuerpos,
leyes freudianas
para que todo sea sexo,
leyes alquímicas
para transformarlo todo, todo…
hasta la mierda…
No es verdad que me crees,
así que, como siempre,
se me acaban los argumentos
y debo mentirte
con la única verdad a la que me aferro,
"aunque no tenga la razón
o inevitablemente la haya perdido…
NO MIENTO"

XI

Espero lejos de ti,
a que cesen los acosos
de mis desesperanzas
y pueda salir de mi resguardo en esta fosa,
que solo yo sé, que he cavado.
Espero pronto en mí,
la calma de estar entre tus brazos
al cobijo de tu cuerpo
en donde sólo pueda dormitar
de ti saciado
y en donde sólo me ocupe
el que nunca se rompa ese abrazo.

XII

Yo sé,
que a veces me piensas
y me recuerdas,
por no decir que con frecuencia
me olvidas,
también sé que el existencialismo
es la razón que nos separa
lo que te aleja de mí, de ti, de nos…
Ya no derribas murallas
quizá con la esperanza de verlas derrumbarse
insospechadamente ante ti.
La omisión justifica el silencio disperso
sabiendo que es otra manera de mentirte.
La moral, son los reductos
que te van a albergar
en espacios a los que no perteneces
y en los que vas a permanecer
el tiempo indefinido en que decidas
mandarlos al carajo.
El tiempo y la distancia
son sólo aterradoras realidades físicas,
cuantificables, cualificables, ecuasionables…
en fin solucionables.
Lejos de las conjeturas y los simulacros,
sé que nunca podrás pensarme,
recordarme, olvidarme,
sin que se precipiten,
la duda, el deseo, la alegría, la tristeza,
las pasiones, los odios, los siglos,
los segundos, las letras, los libros, la música,
los oleos…

la luz…
y cuando cierres los ojos…
todo desaparezca…
o quizá, vuelva a comenzar…
Y todo esto puedo decírtelo
simplemente
porque es lo que yo siento.

XIII

En el solsticio de invierno
estarán tan ebrios nuestros enemigos
que confundirán sus copas
y sólo nosotros,
los amantes de los largos atardeceres
estaremos aferrados,
crecidos en amor,
blandiendo dagas
con el filo atento a nuestras venas,
por si intentan separarnos
aquellos a los que aún
no les despertamos sospechas.

XIV

Ya he librado mil batallas antes,
casi todas las he perdido,
he sobrevivido, si…
y algunos piensan que eso es ganar.
He matado muchos ángeles
quizá más que a demonios,
pero esta batalla tan desmesurada,
y a la vez tan simple,
que estoy librando tras estos muros
que férreamente defiendo con débiles ofensivas,
no es como las otras mil,
es más cruenta, más descarnada, más desangrada.
Y aun así sería capaz de inmolar mis sentimientos
para nuevamente perder la batalla.
Envaino mi espada,
empuño mi pluma,
te escribo…

XV

Entre azares y jolgorios
festejaban mi presencia
y con elocuencia y adulancia
me convidaron a pedir un deseo
en virtud de mi buena fortuna.
Indignado, desconfiado,
argüí mi poca fe y mi desgastada credulidad…
Aun así pensé en ti.

XVI

Esa calle larga, colorida y bulliciosa
llena de gente andariega envuelta en sus prisas,
en donde solía esperar a que llegaras
parado bajo el toldo de la venta de flores
tratando de mimetizarme
ocultando mis deseos de polinizarte
sin importar las primaveras,
es ahora un desolado e interminable
camino sin destino,
con sus edificios grises
reflejados en los charcos de agua
que inundan sus aceras.
Y yo ahí bajo el toldo descolorido, sin flores,
yo gris, mimético,
tratando de escribir sobre los pétalos resecos
y crujientes que recojo del suelo,
tratando de que mis cartas te lleguen
aunque sea en hojarasca.

XVII

Extrañándote a morir…
Me resigna la promesa de volverte a ver
oxigena mis ansias de ti,
el propósito es no perder tu aroma,
porque ahora, sólo tu aliento,
restablece mi respiración ,
crepita en estallidos mi corazón
y la disnea se hace suspiro.

XVIII

Aún conservo el aliento de tu último beso
aquel que te di en la terminal,
también conservo el hormigueo en los labios
de tanto besarte al ocaso…
y ese beso de nuestra madrugada,
ya de mis sentidos no lo puedo borrar.
Y es que de sólo pensarte,
cierro los ojos,
 y ese tu aliento, me llega
y humedezco mis labios
como quien espera ser besado,
como quien anhela ser besado,
como quien no tiene opciones,
más que besar.
Y he conservado,
ese tu beso,
en mí,
con el único propósito
de jamás confundir
tu aliento,
tu boca,
y ninguna madrugada,
en algún sueño perdido
al despertarme ansioso y angustiado
en esta inevitable soledad.

XIX

Una vez más la primavera
esparce sus aromas
como celebrando tu llegada,
dejando en claro que la brisa te pertenece
y que llega a tu paso,
perfumándome.
Cuanto he esperado
estos breves instantes
para respirarte,
para sentirte en mi piel.
Debo aprovechar estos momentos
en los que parece haber calma,
y liberar mi desasosiego,
para atraparte.

XX

Este campo desolado, abatido,
solía ser nuestro lugar de encuentro
cómplice, testigo…
Pierdo la voz al tratar de llamarte,
se me nublan los ojos al tratar de mirarte,
me desoriento al buscarte.
El arroyo se ha secado
al igual que el campo florido.
Trato de ver entre la paja seca
si encuentro tus pasos
o en la charcas aisladas,
mirar tu reflejo.
En vano…
También de aquí te has ido.

XXI

Sólo eso…
darte ese beso de café cada mañana
jugueteando con tus ojos y tu risa,
crisparte la piel
y sentirte caer sobre mi pecho,
rindiéndote, saciada…
Sólo eso…
entretenernos jugueteando con las sábanas
sin aspiraciones del mañana,
sin la prisa que ahoga despertares,
planeando únicamente el desayuno
entrecortándolo a besos
Sólo eso…
Dormitar entrelazando nuestros cuerpos
respirándonos,
cubriéndonos el rostro de la luz
que se filtra por las cortinas,
sólo eso espero
en el fondo de esta barraca.

XXII

Todo lo que he encontrado en mi camino
te lo he dado a manos llenas
con éstas, ahora,
manos vacías.
He encorvado mi andar
recogiendo cualquier cosa que me ayude
a construir esa ofrecida felicidad,
he juntado y separado miles de piezas
en inútiles intentos porque calen,
dejando algunos monumentos al fracaso
en este inevitable camino.
Te seguiré ofreciendo este incierto,
inagotable e intransigente camino
aunque solo nos provea de trozos de alegría
y que a veces esos trozos no calen.

XXIII

Deliberadamente
dejaré escurrir la tinta
sobre este desgastado papel
para que derrame en grafías
todo este amor que te llevo.

XXIV

Antes del fin debo confesar
que no me he de llevar toda esta felicidad,
mucho menos el amor,
tampoco me llevaré estos desgastados latidos,
ni los suspiros, ni la disnea.
Pienso dejar también todos los recuerdos
esparcidos a lo ancho del olvido
estaré siempre pendiente
de que no te falte
y de que no me falte,
un deseo, una ilusión
un motivo para que me leas
una razón para escribirte.

XXV

Ahora que verdaderamente
muero de amor,
deseo desesperadamente
que, despúes de leer esta misiva
me des respuesta…
de cualquier manera…
ME DES RESPUESTA…
A lo que en silencio te he preguntado.

Fin de Cartas a Helena

Nathan Ramírez Jaimes. Caracas, Venezuela, 1969. Artista Plástico, Fotógrafo, Escritor, egresado de la EAV Cristóbal Rojas (Arte Puro) 1991, UNEARTE, TSU (Artes Plásticas 2018). Su trabajo plástico ha sido expuesto en colectivas e individuales a nivel nacional. Se ha desempeñado como profesor de Artes Visuales y Fotógrafo de eventos socio-culturales por más de dos décadas. Su obra literaria es fundamentalmente poesía y cuentos, pero a través de la investigación socio-cultural ha hecho de la Crónica su lenguaje, con lo cual obtuvo el Premio Nacional de Literatura Stefania Mosca, (Mención Crónica, 2017). Sus crónicas, cuentos y poemas han sido publicados en diversas revistas culturales, revistas digitales, periódicos y en los libros "Anotaciones sobre Arquitectura, Fundación Bigott 2013", "Crónicas en Cuentos Breves de El Silencio, CCS 70, 80 y 90, Fondo Editorial FUNDARTE, 2018","Relatos de una Pandemia Inesperada II, Editorial Caza de Versos, México 2021". Se ha desempeñado (entre otras) como: Coordinador de Educación de la Fundación Cultural José Ángel Lamas Alcaldía de Sucre, Coordinador de Desarrollo Social Alcaldía de Chacao, Gerente de Publicaciones de Gaceta Municipal del Instituto Municipal de Publicaciones y Fotógrafo de Registro Documental, actualmente Coordinador de Fotografía del Departamento de Prensa FUNDARTE Alcaldía de Caracas.

Visita nuestra página web en:

www.lahojadelacalle.com

Este libro fue diseñado en los talleres de la editorial
La hoja de la calle

Este libro se termino de
imprimir el 12 de agosto
de dos mil veintidos en los
talleres gráficos de la editorial
La hoja de la calle